HISTOIRE DV
PATISSIER
DE MADRIGAL
EN ESPAGNE,

*Estimé estre Dom Carles fils
du Roy Philippe.*

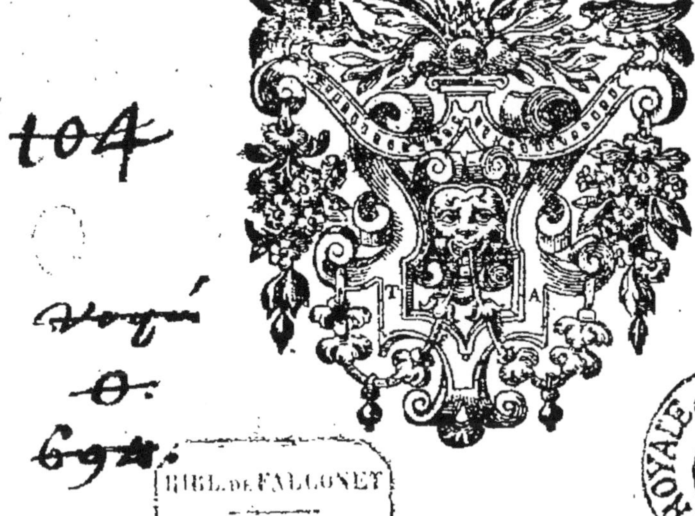

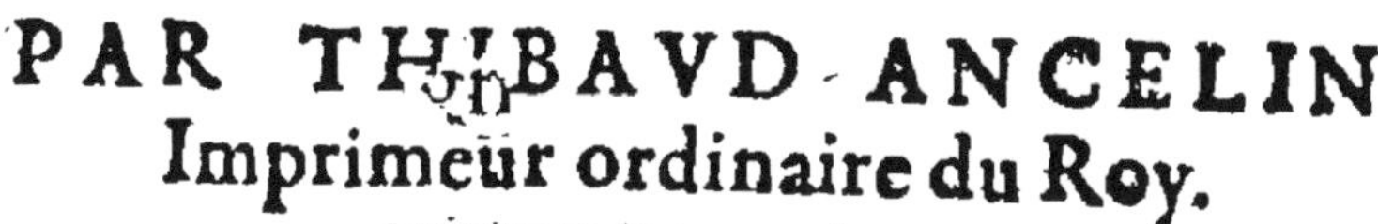

A LYON,

PAR THIBAVD ANCELIN
Imprimeur ordinaire du Roy.

M. D. XCVI.
Auec permißion.

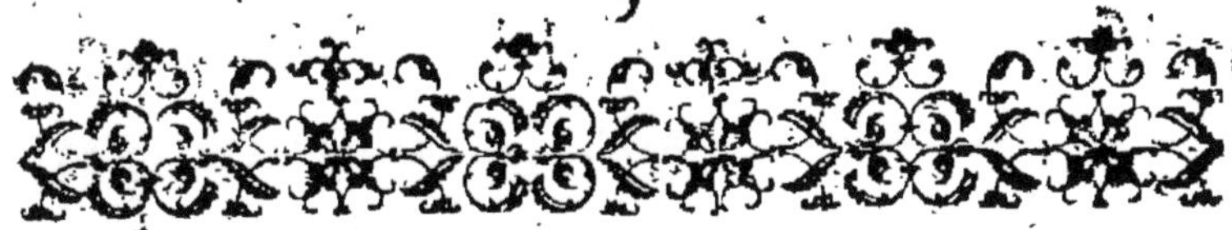

HISTOIRE D'VN PATIS-
SIER DE MADRIGAL EN
Espagne, estimé estre Dom
Carles, fils du Roy
Philippe.

*C'est vn certain rapport faict à vn homme no-
table, estant à Bayonne: par plusieurs & di-
uers hommes dignes de foy, venants d'Espagne.*

IL y a dix-huict mois, qu'vn homme incogneu aâgé de quarante cinq ans ou enui-ron, ayant barbe noire, commençât à grisonner, se logea & habitua de-dans le bourg de Madrigal: lequel n'est gueres loing de Medine, l'vne des plus celebres & fameuses villes d'Espagne. Cest homme commen-ça en iceluy bourg à faire faire par deux de ses domestiques certaines

A 2

patiſſeries, & ſemblables delicateſſes, & en vendre aux perſonnes qui
en vouloyent auoir: Et les filles religieuſes d'vn Conuent qui eſt dedans
ledict bourg de Madrigal, vſoyent
ſouuentesfois de la patiſſerie qu'on
faiſoit en la maiſon dudit perſonnage. Et nonobſtant qu'il fuſt eſtran-
ger & homme incogneu, il acquiſt
en peu de iours grande familiarité
auec Donna Anne d'Autriche, Reli-
gieuſe en iceluy Conuent, laquelle
eſtoit fille baſtarde, de Dom Iean
d'Autriche, frere du Roy d'Eſpagne, à preſent regnant. Iceluy
patiſsier commença à frequenter
le ſeruice de ladicte Dame, & par
chacun iour luy enuoyer par ſes ſeruiteurs de la patiſſerie, & autres
ſemblables delicateſſes : laquelle
maniere de faire continua pluſieurs
mois : & les ſeruiteurs d'iceluy pa-

tissier s'emerueillans de l'abondance
& de la prodigalité dont il vsoit, &
des deniers qu'il employoit à faire
faire telles delicatesses, & aussi qu'il
ne demandoit aucun compte de
l'argent qu'il leur bailloit, commen-
cerent à auoir diuerses opinions de
leurdict maistre, ne cognoissant
quel homme il pouuoit estre. Et sur
ces propos lesdicts deux cuisiniers
qui faisoient la patisserie, & aussi
vne seruante, estans ensemble, ob-
seruent & espient en vn certain iour
par les fentes d'vne paroy leurdict
maistre : & veirent qu'il comptoit,
& mettoit en des sacs grande som-
me de deniers. Pour laquelle occa-
sion, eux estans tentez du peché
d'auarice, font si finement, qu'ils luy
en desrobent & volent vne grande
partie, & se mettent en chemin
pour aller à Medine : En allant ils

penserent à leurs consciences , &
comme ils estoient en danger d'e-
stre apprehendez comme voleurs,
& punis par iustice : Pour euiter laquelle peine ils s'aduisent d'aller
trouuer le iuge de Medine , & luy
annoncer & declarer les mauuaises
coniectures & suspicions qu'ils
auoient dudict Patissier , & comment ils estimoient qu'il auoit volé
quelque part de grandes richesses,
dont il estoit encores saisy. Et quelque peu de temps apres qu'iceux
seruiteurs eurent ainsi accusé leur
maistre : Il aduint qu'il alla à Medine , & y arresta quelque peu de
temps pour faire refaire & enrichir
vne paire de lunettes de cristal, lesquelles luy auoiēt esté baillees par la
susdicte Donna Anne d'Autriche, à
ceste fin , & pour les causes cy dessus
declarees. Il estoit suspect d'estre

voleur : Ioinct aussi, qu'on luy auoit
veu à son col, en vne hostellerie de
Medine, vne riche chaine d'or ca-
chee, laquelle estoit garnie de fort
belles perles. Parquoy les coniectures susdictes auec l'accusation qu'en
auoient faict ses seruiteurs qui l'a-
uoient volé, furent cause qu'il fut
encores plus recommandé, en qua-
lité de voleur, au iuge de ladicte vil-
le de Medine, lequel le feist cher-
cher en toute diligēce : & l'ayāt ren-
contré, il l'interroge par parolles
douces, & iceluy ne voulant pas
respondre, le Iuge l'interroge auec
menaces, en luy commandant de
dire qui il estoit, & de quel estat il
se mesloit : dont iceluy Iuge ne peut
oncques tirer autre responce, sinon
qu'il estoit le Patissier de Madrigal,
& quant aux ioyaux qu'il portoit,
il dist qu'ils estoient, à Donna Anne

d'Autriche, fille du Seigneur Dom Iean d'Autriche, laquelle les luy auoit baillez. Apres laquelle resſponce, le Iuge le met en arreſt & en ſeure garde, & ſe tranſporte à Madrigal, afin de ſçauoir ſi la reſponce à luy faicte par ledict perſonnage, eſtoit veritable. La Donna Anne, ayant ouy les propos que luy tint iceluy Iuge, ſe miſt en cholere contre luy, iuſques à luy vouloir donner de ſa pantoufle ſur la iouë, comme l'on dit, diſant qu'il ne deuoit pas mettre la main ſur vn tel homme, & qu'il ne le cognoiſſoit pas, dont le Iuge s'eſmerueilla : & luy eſtant de retour à Medine, il interrogea de rechef iceluy Patiſsier, qui ne feiſt aucune reuerence, & ne porta aucun honneur audit Iuge, lequel luy demanda encores, par douces parolles, qui il eſtoit, auec pluſieurs

sieurs autres circonstances, ausquel-
les il respondit seulement, qu'il estoit
Patissier de Madrigal, & à la parfin,
il dit au Iuge , le Roy me cognoist
bien, & sçaura bien qui ie suis, quand
vous luy presenterez vne lettre que
ie veux addresser à sa Maiesté, à lors
il donna au Iuge vne lettre escrite &
signee de sa main , afin qu'il la feist
tenir au Roy d'Espagne. Ledit Iuge ayant icelle lettre , monte à che-
ual & s'en va à Madril , & baille la
lettre en main du Roy, lequel l'ayãt
leuë, fut assez long temps en doute
& pensif : Puis apres il appella vn
sien Secretaire , des quatre qu'ils ap-
pellent de la clef doree , nommé
Dom Christofle de Moura, lequel
vint audict Patissier de la part du
Roy, promptement : & parla sepa-
rement & en secret auec luy , puis
s'en retourna ledict Secretaire de

Moura au Roy : lequel apres auoir entendu le discours dudit Secretaire, manda au Iuge de Medine qu'il enfermast iceluy Patissier dedans le chasteau nommé la Motte de Medine : dedans lequel chasteau ledict Patissier est gardé, par vne assez grāde compagnie de gens de guerre depuis plusieurs mois, & est traicté somptueusement, & seruy en vaisselle d'argent doree, & personne ne parle à luy, sinon ceux qui ont charge de le garder ou seruir. Le mesme Iuge qui l'a premierement mis en arrest, a fait surceance des autres affaires publiques, pour garder plus diligemment & secrettement ledict personnage, auec deux cents hommes de guerre, qui sont soubs sa charge. Et il est defendu tres-expressement par toute l'Espagne, sur peine de la vie, que personne ne parle

du

du ſuſdict Patiſsier de Madrigal. Les hommes qui nous ont raconté ce que deſſus, en venant d'Eſpagne & paſſant par Bayonne, nous ont iuré qu'ils aymeroient mieux auoir perdu tout leur bien, que d'auoir dit vn ſeul mot de ceſt affaire, eſtant en Eſpagne. Au ſurplus, Donna Anne d'Autriche eſt tenüe priſonniere, auec quatre autres Religieuſes du meſme conuent ; leſquelles auoient accointance auec ledit Patiſsier. Pareillement le confeſſeur des Religieuſes d'iceluy conuent, nommé frere Michel de Sanctis, de l'ordre des Auguſtins, docte & grand perſonnage, a eſté mis à la queſtion, & luy ayant eu la torture iuſques à la mort, a dit (ſelon le bruit qui court ſecrettement) ſemblables parolles que celles qui enſuyuent : Si i'ay admis iceluy perſonnage, qu'on eſtime

patiſſier : Si i'ay parlé à luy, ſi ie l'ay
fauoriſé : ie confeſſe que i'ay touſ-
iours eſtimé, iuſques à preſent, qu'il
eſtoit Dom Carles, Prince d'Eſpagne, lequel le Roy ſon pere auoit
commandé (il y a deſia pluſieurs an-
nees paſſees) eſtre faict mourir en
priſon, & luy meſme m'a racompté
comment il auoit eſté ſauué & ga-
ranty de ce danger de mort : C'eſt à
ſçauoir que le Roy ſon pere auoit
commandé à quatre Seigneurs de ſa
Court, auſquels il ſe fioit plus, qu'i-
celuy Dom Carles fuſt faict mourir,
par quelque façon qu'ils aduiſe-
roient : Iceux quatre Seigneurs ayant
ceſte mortelle commiſsion, eſtoient
le Prince d'Ebuli, nommé Roderic
de Gomes de Silua Portugais, le
Comte de Chinchon, & deux autres des noms deſquels nous n'auons
cognoiſſance : touchant lequel affaire

faire, le Prince d'Ebuli Silua, re-
monstra aux trois autres qu'il ne fal-
loit pas faire mourir ce Prince pour
la cholere du Roy son pere, laquelle se pourroit appaiser en brief têps:
leur remonstrant pareillement que
le Roy n'auoit point d'autre fils, ny
femme pour auoir des enfans qui
succedassent à son Royaume, estant
ledit Dom Carles vnique fils. Pour
lesquelles considerations, lesdicts
quatre Seigneurs conclurent, qu'ils
ne feroyent point mourir iceluy
Prince, par les moyens qu'il leur
promettroit soubs sa foy, de chan-
ger son nom, de mener vie priuee,
& le tenir caché & incognu, autant
de temps que le Roy son pere vi-
uroit, ou bien iusques à tant que
tous lesdicts quatre Seigneurs qui
auoyent commandement du Roy
de le faire mourir, fussent decedez,

à fin qu'iceux n'euſſent part en la cholere du Roy. Suyuant laquelle promeſſe, iceluy Dom Carles s'eſt tenu caché & incogneu, iuſques au temps que le dernier deſdicts Seigneurs eſt decedé, il y a enuiron deux ans. Deſpuis lequel temps iceluy Prince s'eſt faict cognoiſtre au Marquis de Pennhaſiel (ainſi qu'on dit ſecrettement en Eſpagne) & à Donna Anne d'Autriche, & audict Confeſſeur, lequel a eſté contrainct par la torture, de reueler ce que deſſus eſt eſcrit. Pareillement le bruit ſecret qui court en Eſpagne, tient pour certain que ledict perſonnage eſt Dom Carles, fils du Roy d'Eſpagne, ou quelque bien grand impoſteur, pour autant qu'on le garde ſi long temps en vn fort chaſteau auec grande deſpence & grande compagnie de gens de guerre. Les

hom

hommes qui l'ont veu, dient que son aâge, sa corporence, & son regard, font estimer que c'est iceluy Dom Carles, fils du Roy d'Espagne, & mesmement il cloche, comme faisoit iceluy Prince, à cause qu'estant ieune, il s'estoit blessé vne iambe en vn escalier de la Cour : Semblablement il a la barbe noire, qui commence à grisonner, comme pourroit auoir à present ledit Dom Carles, s'il estoit encores viuant. Iceluy personnage a aussi la leure de dessoubs eminente & auancee, comme ont tous les Princes qui sont de la generation d'Autriche.

FIN.

www.ingramcontent.com/pod-product-compliance
Ingram Content Group UK Ltd.
Pitfield, Milton Keynes, MK11 3LW, UK
UKHW020126100726
13658UKWH00005B/2384